AF139258

Kleebaumnacht

Thomas Dahl

TWENTYSIX
Eine Marke der Books on Demand GmbH
Herstellung und Verlag: BoD – Books on Demand,
Norderstedt
ISBN 9783740787196
Cover: „Kleebaumnacht", Thomas Dahl
Backcover: „Himmel unter Wasser", Thomas Dahl

Alle Rechte, auch das des auszugsweisen Nachdruckes,
der auszugsweisen oder vollständigen Wiedergabe, der
Speicherung in Datenverarbeitungsanlagen und der
Übersetzung, vorbehalten. Thomas Dahl © 2022

Falsch geliebt
Richtig fantasiert
Ich lxxxe dxcx

Inhaltsverzeichnis

immer

Immer nie, ja
Wir reden nicht
Dein Mensch meint es zu gut mit mir
Mein allerliebstes Tier
Will nur dein Erzengel sein
Kein
Hier oder Da
Vom Entstehen bis zur Blüte und dem
Vergehen
Ist es nie weit
Im Anfang und im Ende
Sehen wir uns wieder
Für immer
Braucht noch keine Zeit

tod unterliegt der heiterkeit

Der Heilige führte ihn wieder zum
Spiegel. Der Meinte es nicht gut mit
ihm. Der Mensch sah den Verfall. Er
dachte, er sei stärker. Doch er war
schwach. Wellen unterfluten den
Verstand. Stürme fegen die Vorstellung
zivilisierter Überlegenheit ins Nichts.
Die Stille eines täglich länger
schlafenden Tages reißt Arroganz wie
ein wildes Tier.

Wir: Schlechte Ideen, die meisterhaft
fantasiert wurden.
Er wacht wieder vor dem Glas.
Noch keine Besserung, obgleich
Minuten seit dem letzten Blick
verstrichen'.
Der Heilige lacht.
„Geh näher heran. Nur Mut."
Er tut, wie ihm geheißen und ein

Fauchendes Reptil attackiert die Fläche.

Zuckungen.
Der Heilige lacht.
Ein Mensch betrachtet ungläubig die
Wunde unterhalb des rechten Auges.
Das belanglose Intermezzo kostet Zeit
und Energie.
Er weiß nun, er verliert.

Der Heilige jubiliert.
Er spuckt verächtlich aus im Angesicht
der Leichtsinnigkeit.
Tod unterliegt der Heiterkeit.

hier

Immer noch
Auf der Suche
Nach Himmelsrichtungen
Uhrzeiten
Breitengraden
Worten, versteckt in Taten
Offenbarungen unter viel zu dünnem
Papier
Sucht nach
Erlösern auf den Türschwellen
Neuanfängen in die allerletzten
Ewigkeiten
Marmor-Treppenstufen an den
flammenden Rand der Schwüre
Die über das Leben ragten

Ich lieb mich immer noch doch nicht
Jederzeit einen Kuss entfernt
Vom narzissenübersäten Schafott
Bis auf Weiteres, vielleicht auch dein
Immer noch

Hier
Angstallein

jetzt

Will jetzt!
Meine Desdemona, Anastasia, Julia
Ekaterina
Herz geformt aus 51 Wintern
Collagen des Windes, der weißesten
Nacht
Jetzt
Ein Freispruch, der die Schuld verstärkt
Will
Verzweiflung als Blumenkranz um
Meine Hoffnung Binden
Mich in lichten Wolfram- oder
Spinnennetzen winden
Ein beherzter Biss, zielgenau
Erlösung schlägt entsetzt Geduld
Sturz-Zeit
Du kennst das
Erneut abwärts
Jetzt!
Der Schmerz kommt von rechts
Merk dir das zuletzt

herzdings

Das Herz kann nichts dafür, es schlägt
Dem Blut ist weder Farbe noch Lauf
Bekannt
Die Gedanken machen, was sie wolln
Und Feuerwerker zündeln Gier in den
Nächten ohne tieferen Verstand
Bis der Zauber
Lichterloh unsere erschlafften Seelen
Für die Weltenbrände sorgsam prägt

winterenden

Gedichte beginnen nicht
Die Liebe und der Tod
Beginnen nicht
Sie enden nur
Stürme, silberne Brände löschten die
Erinnerungen
Als das Wasser unter uns dunkel schlief
Und an Träumen nicht zu denken war
Vergiss mich bald
Neue Tage sind so schnell erzählt
Die letzte Nacht erlöste sich von ihren
Rändern
Als die weiße Krähe
Fünfvierdreizweieinmal rief
Du, Ich, Du, Nie, Wir
Botschafter der kalten Sphären
Singet euer Leid, das im löchrigen
Winterkleid über erfrierende Erden
Hallt

sterben/leben üben

„Alles ist falsch!"
Mit diesem Ruf möcht ich jedes
Gedicht beginnen
Worte, die hallen, dann verklingen in
Den Fugen der Letzten Sinne
Im Frieden mit dem Tod oder mit dem
Leben
Bewegt, empor gehoben über
Pyramiden mit der Spitze Richtung
Boden
Elektrizität in allen Formen, Winkeln
Fingern
Die deuten, in Händen, die geben
Angetrieben mit Maschinen aus Furcht
Und Lust
Ausfahrten der Gegenwart in die
Zukunft der Vergangenheit
Eine Berührung, ein Geruch, ein Klang
Langlanglang still da liegen
Höherhöherhöher fliegen
Im nicht nachdenkenden wirbelnden

„Asche"-Säuselnden Sog

Wofür Worte?
Um den Schwung der Feder zu spürn?
Auf dünnem Papier?
Dem Ich begegnen, das grunzt im Tier?
Zeichen setzen?

Wogegen?
Dem Ende?
Dem Zwischenspiel kurz vor des
Dramas Wende
Das uns betrog?

Beginn nicht wieder an der gleichen
Stelle
Wiederholungen rentiern sich nicht
Brech Eis, Ketten, Rippen, Silben, Ruhe
Alles ist bereits gesagt
Oder nichts

Der Himmel dreht sich rückwärts
Mensch träumt forsch voran

Ich dachte
Ein Gedanke nur
Leben, flüchten, stehenbleiben, lieben
Fürchten, überwinden, bedenken
Weiterregnen, sterben üben
Alles falsch und voller Sinn
Furchtbar Lieben

kalt

Mein Winter
Tiefgefrornes Kind
Bald
Blaugelbschwarze Zipfelmütze
Nie im Schnee
Der rot und roter aus dir winkt

auferstehn

Alles falsch

Leck mich
Bis ichs mag
Wohl bekommts

Leicht verdaubar
War dies lichte Wundern
Das wir Liebe nannten
Und doch niemals zu buchstabieren
Vermochten
Zu viele Vokale
Die durcheinander schrien

Okay
So l.x.x.b. mich
Bis es frostig wird
Und ein jeder seine Pforten schließt
Um im Märzen unwissend aufzuerstehn

un-

Mich?
Du?
Wiewaswowannundwarum!
Aber
Am allermeisten
Nicht verschwiegen
Verrat
In Schmerz geblieben
Schwer zu erreichen
Verharrt
Hinter verlockenden Erdtrabanten
Dein
„Aber un-"

taufen

Wenn der Verstand
Durch löchrige Adern tropft
Bleibt mehr Raum für Regen

Unter einem trügerischen Stern
Der das blühende Land
Im Meer der Fassunslosigkeit ersäuft
So viel Segen

Wer soll das alles trinken, glauben?
Unser kleines Ende ist schon nah
Erlösung verharrt, erzählt, so fern

das ende ist ein mythos,
den anfang gibt es nicht

Das Ende ist ein Mythos
Den Anfang gibt es nicht
„Dazwischen" ist die einzige Konstante
Ein Augenblick
Ist alles, was ist, was war, was wird
Vergiss das schnell
Es führt zu nichts
Hier versagt Germanistik, Mathematik
Und auch Physik
Wer den Verstand sich erleuchten mag
Bleibt verrückt und trinkt den
Sonnentag aus dunklem Quell

dir

Davor/Danach ein Tier
So lang die Bluttränke stillt
Der Giftpokal der Schlange Puder' mit
Glasscherben und Wasser quillt
Dein Gesetz der Unsterblichkeit des
Gekrönten Herzens gilt
Die Angst des Lebens' Schluchten
Voller hehrem Wahn finster füllt
So lange
Bleib ich kurz bei dir

funkenflug

Flammentanz, der Spuk beginnt
Kleine Lichter graben warme süße
Flecken in die Nacht
Sie formen Wiegen für dein Kind
Recken sich zum Morgen
Der selbst noch ruht
Niemand niemals wacht

Dein Geist ließ mich allein
Gläser füllten sich mit Licht
Ich kann nicht länger ohne deine
Sonnen sein
Unser Schwur, benetzt mit Trauben
Liegt leicht auf Zungen
Die violett geküsst vom letzten Wort im
Sternenlicht vibrierend munden
Das letzte Stoßgebet wog schwer
Umarmungen im Weltenbrand
Nicht das Herz
Seelenschlag wie die Schwingen eines
Roten Raben erheben sich

Über vergangene Verließe und Gemäuer
Auferstanden, um zu flüchten, mit
Dirdirdir in betäubende Dunkelheit
Wir müssen rennen, rennen, rennen

Laute Nacht aus Teer und Funkenflug
Gemacht
Ich träume Städte, Länder, Kontinente
Leer
Ich gebäre Wälder, Seen, Meere
Wiesen
Vanille-Apfel-Opium-Felder
Wir müssen brennen, brennen, brennen

früh – ling

60 Schläfe in einer Nacht
Verkürzte Träume, Decken, Sterne
Gestreckte Unterwassergesänge
Im illuminierten Todesschacht

Kurioses Sub-ob-was-jetzt-Ding
Befreit von Höhe, Tiefe, Zeit und Länge
„In Farbe" steht dir immer gut
Und auch die Narbe an der linken Pfote
Sorgt für neues, dichtes Blut
Ein Schwert tropft seufzend aus der
Scheide
Erstling oder Letztling
Was macht das schon?
Im Rausch der berstenden Heide
Ich zähl die Kerben auf dem Ring

fisch

Für immer
Fliegen
Trinken
Tiefer
Tiefer
Tiefer oder lieber höher sinken

tropfen

Lichterlose Kirchenkerzen
Die ihr Feuer nie gesehen'
Füllen Tage, Wochen, den Becher Wein
Aus enthaltsamen Jahren
Flüsse küssen Tropfen
Machen kehrt und fallen in Fusionen
Durch schlechten Schlaf in verengte
Venen
Die nicht mehr wagen, sich zu dehnen

Scheiß auf den Kreislauf
Und verstauchte Herzen
Wir sind nicht hier
Um die Ewigkeit zu überleben
Es ist längst Zeit
Die Wahrheit nicht zu erfahren
Nur mit Lügen
Lassen sich die Risse in der Hoffnung
Stopfen
Herr, entspanne uns und die
Verdammten Kreuze mit gesalbten

Emulsionen

steh

Halt!
Noch vor Beginn der Fahrt
Steh!
Der Weg ist falsch
Privat!
Verbotenes Betreten
Geh!
Wir entstammen nicht der gleichen Art

glaubt

'glaubt nicht an Monogamie
'glaubt nicht an Polygamie
'antwortet nicht auf Warum? Wohin?
Auf Wie?
Und Wann?
'denkt nicht einmal daran
Weihrauchrausch, Mhyrre in den
Haaren
Evangelien trotz Dauerniedrigpreis
Das Fest der ~~Liebe~~ Sinne – Leid,
Blutbefleckte Onanie
'glaubt nicht mehr, seitdem er weiß

alles ist nacht

Rückwärts laufend durch einen Traum
Tiefer fliehend durch den Wald
Der sich als Märtyrium erhebt
Rostige Hände ragen aus wallendem
Grund
Ihre Not weit hinauf zu strecken
In hungrigen Nebelflocken schreien
Busch und Baum
Ein neuer Winter hallt aus
Missverstandenem Märchenschlund
Als dein roter Mond laut und lauter bebt
Bald blutend im Zenit der Nacht
Von der du saugst
In zeitloser Wacht
Denn kein Morgen will uns mehr
Wecken

mehr

Nach diesem Wort
Nichts mehr
Stille sein
Wider die selbsterschaffene Natur
Dem Leben Würde geben
Die Luft zum Atmen
Wiegt so schwer

duinmir

Anfänge und barfuß laufend durch
Weichen Regen
Auf warmen Asphalt
Folgen wir einer unsichtbaren Spur
Die du mit drei Augenblicken und
Honig an den Venen legtest
Ich gehe diesen Weg
Weiter, als ich gedacht'
Mit Bourbon auf der Zunge
Und Stille in den Händen
Mehr, als je gedacht'

In jener Nacht
Als du das Alphabet und deine
Bilderbücher
Auf ihre Boshaftigkeit prüftest
Und der Drang, mir zu schreiben
Erst mit dem Morgenlichte zu Bette
Ging
Weiltest du Stunden schon bei mir
Ich in dir

(Immer) Wieder Enden
Und all die Seiten davor
Suche Wörter, Zeichen
Die das Leben klären
Die daran scheitern
Um ganz am Schluss neu zu entstehen
Um sich zu erinnern
Dass Gott, von Sternen rundumfunkelt
An Einsamkeit erfror

flatline

Meinen Zähnen geht es so gut wie nie
Aber das Herz verzagt am zähen Fleisch
Es ist alles dein
Wir hungern nicht
Der Morse-Code bleibt still stehn
Zumindest hier wirst du Erste(r) unter
Ersten sein

(s)amen

Kaum steriler Raum
Zwischen Schweiß, Speichel, Sperma
Blut, Knochen und „Ich liebe dich!"
Ich vergesse Geburtstage, Namen
Schwüre vor dem Altar gar
Vergiss mein nicht
Vermiss dich selbst
Finde dein verlorenes und
Wiederaufgetauchtes Entrücktes Ich
Die Liebe ist zu hehr für diese Flucht
Ich ertränke meine Sucht
In ungewolltem Samen

wie man welten vergessen kann

Wie man Welten vergessen kann
Und wie man Welten falsch vermessen
Kann
Wie man auf fleisch-geeichte
Vorstellungen versessen sein kann
Affe kann
Mann kann
Wann stößt du mit dem Bajonett den
Vorgetäuschten Frieden in die Leere?
Ab dann wirds leicht
Ein ausgehöhlter Körper wird zur
Illusion von Schwere
Und wann
Marschierst du weiter brav ins Nichts
Voran?

kurze pause

es staben die buchen

Allen Aaahhs entsagen
Ein, Mein, Dein B besteigen
Das C unbedingt mit mehr Rundungen
Versehen
Zu jeder Zeit Ds hemmungslos
Entwenden
Kein E verschwenden
Die Enden des Fs aufs Morgen vertagen
G geht über H, dessen Türme sich
Früher oder später Richtung Ende
Neigen
I hat Luft nach unten
Mein liebstes J ruft J-j-j-aa!
Vor lauter kruden Wundern kommt K
Keinen Kilometer westwärts
L legt lächelnd lichterlohe Lunten

Sehet M, den Mensch, vollendet im
Schmerz
N ist nananeyn
O, geschlossener Kreislauf in

Erstauntem Klang
Wir pressen Ps ins Sein, gewähren Q
Ein wenig Sturm und Drang
R will ruhige Rache und rotzt vor dir
Aus
S stillt die Sterne hinter uns
Tee trinkt dich dunkler als Kaffee
Und jenseits der Ober- streckt sich die
Unterfläche bis zum Dache
V-Ver-schwinde Wiedersehen

Falsch Leben, Buchstabiiiren, Rasen-
Oder
Teppichmähen
Was ihr wollt:
Keine Knicke auf dem Knäckebrot
Wir wollen
Blaubeerkäsestreuselsahnekuchen
Es braucht noch Doppel-Xe für den
Namenlosen Tod
Ein Ypsilon findet Trost auf
Weißgewischtem Chrom

Zeig mir, wo die blauen Ziegen zärtlich
Weiden
Ich gleite zitternd im Gleich- und
Wechselstrom

Wir fallen aus den Kronen
Herrlich anzuschaun
Durch entlaubte Buchen
Wann fängst du an, meinen Wahn zu
Finden und zu suchen?
Wann!

liebe sein

Liebe
Dich fürchte ich
Deine herzgetarnten Klippen umschiffe
Ich
Und ertränke, was mir lieb'
In Dantes Höllenflut
Gott schuf Erde, Mensch und Leid
Gott ward' selbst erschaffen von Tränen
Wut und Neid
Zwischen schmerzverzerrter Schöpfung
Und in Vorsehung
Blutgetränkter Streckung
Am hohlen Kreuz rinnt saurer Wein
Wie kann da noch Liebe sein?

bergen

Vergebliche Versuche
Dich zu überreden
Mich zu lieben
Wie soll das gehn?
Wahnsinn
Vollkommen daneben
Den Reim zwischen Leben und Sterben
Hindert nur ein 'R'
Regen regnen oder ohne Gottes Segen
Halbtote Gebete aus den Höhen deiner
Himmel bergen

das mörderli

Erwachte einst in tiefem Mahr
Das Mörderli brach mit Raum
Aufrechtem Gang, Verstand
Die Verstörung wurde Philosophie
Gleich wie ein Zwang
Das Mörderli
Erlaubte sich das Feuilleton der FAZ
Und ein Metzger*innen-Messer
In der nervösen rechten Hand
Eine Schwäche für das Entrückte
Eine Stärke für das Ende
Herbeisehnend die Zeit
Wie sie früher nun mal war

Lieb Mörderli
Wie ein Kind
Umarmen muss ich dich
Weil wir Menschen nun mal soso sind
Umarmen
Bis dir dein kleiner Atem stockt

Muss auch deinen Namen schreiben
Bis er an jeder Ecke prangt
Lust und Wahn oder deplazierten Hass
Aufs Neue neu Entflammen

Auf dass man dich gut sieht
Bis Worte dann wie Schreie werden
Und die Schlinge dir im Nacken lacht
Bis deinem Ekel nur nach dir verlangt
Ich möcht' dir dunkle Tinte anstatt
Kugeln
In die beschränkten Zellen jagen
Rammen
Bis das Rückgrat Richtung Nullpunkt
Biegt, bricht, lieb Mörderli
Dann das Licht

fe d er

Einmal nur
Nicht lieben
Umarmt stattdessen Freiheit und den
Frieden
Verklagt Hass, Lüge, falschen Schein
Einmal einfach schwärmen
Ließe vollgestopfte Körper schweben
Dann wären wir wie Federn
Die an der Schwerelosigkeit weben
Einmal nur statt Sturm und Drang wie
Ein Windhauch einsam sein

wachzuschlafen

Aus den Gärten der Entseelten
Fällt kein böses Wort
Kein liebes
Äpfel wachen über ihre Säfte
Glaubenssätze kennen kein Zurück
Satte Körper hadern mit dem Glück zu
Wachsen, blühen, revoltieren
Eine gute Nacht, einen neuen Morgen
Wach zu küssen
Zu den Sternen hinauf, wieder herab zu
Sehen
Zu steigen
Bis an deine glühenden Lippen
Kein zurück

messer küssen

Wieder Anfänge
Buchstabier das erste Wort
Still, nein, nichts
Der Wein schmeckt wieder blau
Hände streben auseinander
Ringe stürzen von den Fingern
Blicke prallen schneller auf den Boden
Fremde Wesen
Wie zwei Autoren im Gespräch, die nur
Die eignen Bücher lesen

Die Idee von Aufrichtigkeit schaffte es
In niedrige Gefilde
Selbstgespräche kaufen aus den
Konvoluten von limitierten Alphabeten
Die uns mürbe durch die alten Jahre
Führen
Und dann ans neue Grab

Ein „I", ein „C", ein „H" ist alles
Wonachs uns mit gezückten Gabeln

Erschöpften Löffeln und
Blanken Messern darbt

deinen namen in die wälder schreiben

Ich komme mir näher
Je weiter sich das Leben entfernt
Geboren im Totentanz glühender
Würmer
Deren Lichterzucken den Weg weit
Weist
Entflammter Narr
Der Städte dumm entzündet

Trinket vom Feuer
Bis es mundet
Löscht das benzingetränkte Herz
Mit Funken
Streichelt weiches Holz
Entlang der Schwefelfelder
Und kommet mir dann näher
Ich trage euren Namen in die Wälder
Die im Sommer dunkler
Doch im Winter wieder heller scheinen

ich sah niemals etwas leben wie dich

Verliebt in die Idee von Liebe
Graust mir vor dem nächsten Bild
Nicht das Herz, der Kopf ist das
Problem
Hirn aus, Hirn ein vergeudet sich ein
Jeder Tag mit Früchten, die den Darm
Verstopfen und rotem Wein, der
Farblose Pointen setzt
Ein Zustand, kaum auszumalen
Alle Königsfelder bleiben blass
Ich ziehe weder vor noch zurück
Und ergebe knochentrockenes Geäst
Zum schnellen Brand

Ja, will er denn vergehen?
Oder möcht' er brav bestehen?

Aber nicht doch
Ich füll die Löcher in der Wand mit
Stetem Stein
Ich habe niemals etwas kommen sehen

Niemals etwas leben sehen
Wie dich
Wie mich
Lichterjahr um Lichterjahr
Ganz nah
Wir haben uns gewollt verpasst
Geschont

Diese eine Fantasterei
„Ich liebe dich", zu sagen
Wird voller als der Mond

kleines licht

Sieh mich, kleines Licht
Ich umarme Schatten
Und fülle mich mit Erde
Trage Rabenfedern in den Haaren
Ich grabe Wurzeln in die bodenlose
Nacht
Will den Morgen mit schwarzem Garn
Umspannen
Schau mich an
Schweife in die Leere
Die mich verachtend und verliebt
Anlacht
Mein Nichts geht weit
Entlang der wilden Bäche
Die als Bluter in uns ronnen
Hinter braun-grün-roten Steinen
Überschreiten wir fantastisches Terrain
Entgrenzt, allein, befreit
Im Minustakt der Emotionen
Gehirnströme überfluten Meere und

Gebirge
Körper tränken positive Elektronen
Die die Ewigkeiten aneinander reimen

schreiben
(„ich liebe dich" vermeiden)

Weiter
Schreiben
Weiter
Schlafen
Weiter durch versunkene Vollmondtäler
Wundernd waten
Weiter virulent träumen
Weiter unverdünnte Farben trinken
Weiter blutend durch angeschlagene
Nächte und die Tage hinken
Weiter Leben, Regen, Tod, Sommer
Säumen
Einfach weiter schreiben, lauter leiser
Schreien
In Schönheit leiden
Weiter „Ich liebe dich" vermeiden

sand/see/land

Sand
Atmet
Spricht
„Leiser Brand in deinen Auen"
Leere Flüsse
In blassgrünen Augen
Verborgene Kammern
Die in uns aus der Ferne wie Türme
Schauen
Erinnerung an Lavendelküsse
Dahinter See
Dazwischen dunkles Tannenflirren
Vom Meer zum Haus zum Runenwald
Weht Einsamkeit, rinnt Korn um Korn
Ringt Übermorgenschein
Mit Gutenachtgeschichten im Herz des
Fiebertraums
Geformt aus weißem Klee

Wirst du dich weiter rückwärts wagen
Wo der Anfang in uns hallt?

An gottverlassenen Tagen

geist no. 1-4

Vom Bett an die Tür
Kein Schlaf mit dir
Beinahekollision
In anderer Dimension
Ich wusste schon
Du wartest hier in kleiner Schaar
Unpassierbar
Bergmassiv der Emotionen
Verdichtet zu bizarren Lektionen
Stromschlag-Halluzinationen
Blutverschwendung
Zeitentendung
Jeden Morgen kurz vor vier
Vorwärts
Verwüsten wir die geborgten Illusionen

einsatmen

Frei
Eins
Alle Gefühle schwimmen noch
Unter
Über
Eis
Atmen
Frieden
Allein
Endlich
Entzweit
Deineid
Herz- und Hirnfarbföhnwellenmuster
Im Splitterrausch zerstört
Unhässlich
Verfallen den Gedanken nach
Lebenslust und -leid
Den Chorälen vor dem letzten Gericht
Unvergesslich zugehört
Keine Sterne unter uns
Steigen oder stürzen in den Sommern

Der Erinnerungen
Nur die Kälte bleibt verlässlich

verlieren ist dein lieblingsspiel

Drei
Ahorntropfen
Kobaldblau
Stören Hochzeitsfeiern auf der Zunge
Mehr als
Erlaubt zur Schlafenszeit
Es tanzt und schlägt sich immer gut zu
Zweit
Irgendwer ist meist zu viel
Zu wenig Platz an der
Sonne
Schattenmensch fernab der Wonne
Violettes Kichern
Vor dem Ächzen im asphaltgefärbten
Liebesstau
Ausfahrt wieder mal verpasst
Schrei nach Freiheit erstickt in der
Lunge
Verlieren ist dein Lieblingsspiel
Eingang offen in den Dachsbau eines
Anderen Tieres

Das das Fluchtvieh hündisch fasst

um
leit
ungen

Diese Gedichte sind auch nur Umwege
Der moderne Romeo zielt mit illegaler
Handfeuerwaffe auf Jules 4.0
Wir müssen schneller langsam denken
Fühl mich bitte nicht zu spät
Verflucht sei, wer die Liebe sät
Der Aufprall unsrer falsch justierten
Läufe
Träumt heiseren Mist im leidgeprüften
Mull

nur gott ist uns entkommen

An September-Abenden
Gefüllt mit wohligem Unbehagen
Gefühlt verheerend
Unausgesprochen, nichts- oder
Allessagend
Das Unheil deinesmeines Herzens
Mehrend
An jenen Spätsommertagen
Schwerschwer zu entscheiden
Rotwein, Whiskey oder Liebe
Als betörende Gaben
Ans Grab des noch Ungeborenen zu
Entladen
Oder mit ungesüßten Wasserfarben zu
Verbleiben
Die Traurigkeit verlachen und dir
Bildnisse wie dieses
Schwarzgrünrotundblöd
In blühendem Weiß zu malen

Listen:
Ehrlich sein
Guter Vorsatz
Böser Marmeladenonkel
Beziehung
Killer
Ä
Ähhr
Ährlichkait?
Du meinst
Geilheit

Gestern, heut und übermorgen nicht
Sehr weit
Die Lust auf Andere(s) dampft durch
Lungen und Gefäße
Wie ein Kettenraucher
IchErEsIch tropft als wandelndes
Spermizid sogar durch Abwasserkanäle

Sonderangebot: Alles muss/will raus!
Die Romantik ist spät an den Fressnapf
Geladen

Auch der Glaube im Sortiment
Geht langsam aus

Sag
Sind wir nicht weit gekommen?
Vom tragenden Ast
Zurück in den Schlamm
Final aufs Steinplateau ohne Hast
Gesanglos durch die cowboylose Prärie
Vom nagenden Säuger
Zum wurmstandhaften Entstäuber der
Fantasie

Mensch hat Mensch erlegt
Nur Gott ist uns bei schlechter Sicht
Entkommen
'will wiederkommenkommenkommen

oder ... fuck love

Wenns so einfach wäre
Entwerf dir noch ein Heim dazu
Mit verborgenen Türen
Zu geheimen Gärten
In denen sich Liebe verläuft
Es soll wohl so sein
Die Liebe interessiert es nicht
Dass du auf sie scheißt
Sie weiß von
Nichts

nichtschwimmerverstand

Letzte Schritte im Schnee
Barfuß Herzen glättend
Mit pechgeschwärztem linken Zeh
Fratzen ziehend durch „Ach" und „Oh"
Und „WehWehWeh"
Ich betrüge Gefühl mit Sinn
Im Ende grinst der Anfang
Wieder Feuer züchtend
Für vereisten Regen
Für Tintenfluten
Im Nichtschwimmerverstand
Tänzelnd unter-, übertauchen
Wir
Wissen
Nicht
Wohin

nachtgeflüster

Antworten
Wir fragen nicht
Herzkurzschlussintervalle
Unsere Geschichte stockt
Atemzüge
Deine Reise kennt kaum Halt
Kalte Tage
Wir zünden Sonnen an den Polen
Nachtgeflüster
Am frühen Morgen
Lippenkenntnisse
Du stiehlst Zucker aus den
Backentaschen
Ich jongliere Nebelkerzen
Wir halten sachte Beerentatzen
Du forderst auf zum Feuertanz
Verabredungen auf dem Grund des
Weinglases
Wir trinken uns, zählen schwarze
Schwäne

Die sich um verwirrte Schlangenköpfe
Winden
Wie deine Haare und die Federn auf
Dem Teiche Schimmern
Wir lieben uns entgegen dem
Uhrzeigersinn
Späte Antworten
Frag jetzt, bitte/nicht

ohne dichmich

Ein bisschen Papier
Entzieh dich dem Stift
Flieg freier zeilenlos

Wörter sind Ausreden
Weiß leuchtet heller ohne dich ... mich

Lass die Liebe im Couvert
Die ist ihre Tinte nicht wert
Und ich verbrenne alle Gedichte
Die nichts sagen

Wir wollen nicht mehr davon reden
Es macht alles zu viel Sinn

ja

fried n

Ich mache mir was vor
Um vierzehn vor zehn
An einem Samstag
Und lasse nicht nach
Alleine zu sein
Mit so vielen Zweifeln
Nur ich und die Toten
Die im Nachtrausch Geschichten
Murmeln
'mir Briefe durch den Türspalt schieben
Mit Gedichten über das Leben
Das stets wie ein Begräbnis war
Tränen, Eicheln, Chrysanthemen, Regen
Der Schlaf war wie ein Segen
Doch auch im Traume unerreicht
Sinkt hinab das Bild von Frieden

schwerkraftfantasien

Schneller zum Schluss
Der Neubeginne hasst
Kürz die kleinen Morde ab
Und schlachte nicht zu lang

Schwerkraftfantasien kleben wie
Erschlagene Insekten an den Fingern
Einer geschwollenen Hand
Geh dorthin, wo es immer regnet
Reich' sie Wolken, Mauern
Wasserlachen
Fühl den Verfall
Vergiss die Seife und die Schaufel nicht
Es gilt, Blut zu vergraben und das Ego
Reinzuwaschen
Vergiss das Beten nicht
Es gibt sonst nichts mehr hier zu sagen
Vergiss das Sterben nicht
Verschick Erinnerungen in altes Glas
Geritzt

Stromaufwärts in geleerten Flaschen
Finde deinen Fluss

kommunion der zungen

Vielleicht
Leid
Keimende Zeit
Erdachte Bewegungen
Im Kreis
Schwarzes Schweben
Dicht unterhalb vollmondumkoster
Herzregungen
Gebrochenes, verschmähtes Brot
Über belichtetem Rotweinkrug
Alter Odem verzerrt die Lippen

Kommunion der Zungen
Gepresste Gebete auf den unwilligen
Mund
Weihwasserschwall
Schwermut
Leichenteile
Abwärts, bis in die Lungen
Atmen misslingt
Immer wieder Silberfieber

Alle Kerzen bleiben kalt
Die Nacht erhebt sich
Johannesbeerblautröpfelnd tröstlich
Aber dennoch wund

Und Morgen war Gestern
Was heut nicht ist
Wird immer sein

Die Stille braucht mehr Strophen
Hör, wie betörend das Inferno klingt
Echos bersten an zerklüfteten Rippen
Mensch wird Apfel, Asche, Sonne, Sand
Dann kleiner, warmer Kieselstein

leuchterloh

Zurück/voran in die Unendlichkeit
Barfußlachen
Entlang mohngesäumter Pfade
Ähren glimmen im langsamen
Abendtod
Zu tiefe Wolken küssen Vogelscheuchen
Krähen warten Wochen in den warmen
Augenhöhlen
Schwarze Blicke füllen Tag und Nacht
Taumelnde Himmelswanderungen im
Herbsthallendem Wachen
Morgen überlässt sich dem kreisenden
Sog
Eines frischen Shiraz
Getauft im flackernden Kerzenleuchten

mooren

Erschlagen auf direkten Geraden
Zu dir
Erfroren in märchenumwobenen
Wäldern und Mooren
Verloren auf sonnenfernen Wegen zu
Mir
Wundersam betrogen um
Schneegeflüster
Brandenden Wogen an deinen Klippen
Die mich und meine Segel empfangen
Mit stürmenden, schäumenden Tritten
Erwacht und entschlafen in Gefilden
An deren Nacht-Enden
Ich mit stillen Augen in die Hoffnung
Eines neuen Abends stier'
Herz erdacht
Im trunkenen Hafen
Dem Untergang geweiht
Auf Lebenszeit ein Un-Ort
Der Emotionen

Liebe lebt nicht hier

fort

Geschichten erfinden und nicht erzählen
Deinen Namen schreiben
Unausgesprochen
Den Bourbon öffnen
Trink mich nicht!
Ich küsse dich seit Tagen, Wochen
Ohne etwas zu empfinden
Find mich
Erkenn mich nicht
Zündel zwischen zuckenden Schenkeln
Und piss auf die Glut
Wir spielen Deiche-Bauen oder Mord
Und streiten um die Flut
Glasgedichte vibrieren, winken, winken
Doch du und ich, wir bleiben fort

gottlos

Bleib bei dir
Verlass dich nicht
Fang von hinten an
Den Anfang kennst du schon
Vermeide Schwüre
Die Zeit wettet Eichenwälder gegen uns
Das Ende lockt mit Perspektiven

Schau zuerst auf Hände
Achte auf die Augen
Trachte immer nach den Seelen
Verwehre lauten Worten das
Versammlungsrecht
Vor stillen Pforten
Nur ein Lächeln darf hinein

Wer ist so schamlos?
Wer so gottlos?
Wer so schwerelos
Um dem Sturz aus leergeträumten
Edengärten zu entgehen?

weit

Echt sein
Wie soll das gehen?
Körperlos
Geräusch sein
Ich
Ein Summen
Von unten
Unvermutet
Radar verstummt
Du
Meisterdiebin der kleinen Runden
In kurzen Flugstunden

Flucht
Unter den triefenden Zungen von
Jagdhunden
Halt' dich von den Zähnen fern
Werd zum Geist, lass dich nicht sehn
Wer nie ankommt
Ist weitweitweit gereist

end lich

Als gäbe es noch Worte, die nicht
Gesagt'
Gefühle, die nicht wie streunende Köter
Verjagt'
Ein Lächeln, das nicht verzerrt'
Versprechen, die die Lüge nicht
Vermehrt'

Mensch
Allein
Verloren und verlassen zu zwein
Gott dealt mit Seelen
In the name of love
Without shame
Pulverisiert, gepresst oder liquid
Kein Problem
Als gäbs das nicht
Liebe, zeig dich jetzt
Oder lass es endlich sein!

denen wir nicht vergeben

Du und deine Menschen
Warten
Summen
An zugewachsenen
Omnibushaltestellen
Richtung versiegelten Boden oder
Abfalleimer

Du schreibst schlechte Zeilen auf gutes
Papier
Das stets mit dem Unrat flirtet
Der den Müll zum Schweigen bringt
Doch der Stift verstirbt

Im Kreuzen der Lichter auf nassem
Asphalt
Auf dem niemand hält

Du und deine Menschen
Ihr kommt zu früh, zu spät
Zu Beerdigungen

In falsche Leichenhallen
Die von anderen belegt'

Leben schafft Platz für Tod
Öffnet Fenster oder Köpfe für den
Regen
Der alle Risse tränkt
In Gedenken an jene
Denen wir nicht vergeben

sunken

Immer, wenn du Lichter träumst
Drehst du Schleifen in die Haare
Als wärest du nicht da
Die Nacht zupft zärtlich Klee von nahen
Sternen
Die nicht mehr wärmen
Auf kerzenbehangenen Wegen
Erkenne ich die Seelen
Die fühlen und nichts mehr verstehen

Ein bisschen Lachen noch
Dann stilletrunken
In der Idee von Nichts versunken
Als Stein ins Wasser stürzend
Die Ewigkeit in einem Augenblick
Umrunden

Alles lebt
Im Schlafe webt
Ein Klang aus Sinnenauf- und
untergang

Trink mich, solang ich kostbar bin
Immer, wenn du die Dunkelheit
Entfachst
Taste ich nach Fingern im wogenden
Burgunder-Maar

ach ja, wir leben

Atmen
Weiter Atmen
Letzter Zug
Schon bald bereit
Nicht zu fühlen

Wir könnten schreien
Und werden schweigen
Wir zelebrieren
Feigheit
Und trinken Mut
Wir müssen
Leben

Ach ja, wir sterben
Schwarzes Kreuz versiegelt roten Mund
Spiegelbilder senken sich
Wir zittern wohlig in Dezember-Glut

alle sonntage sind regen

Wie viele Sonntage
Wirst du leben
'musst du an den Nächten weben?
Davor, danach und auch daneben?

Alle Sonntage sind Regen
Die für immer fallen
Die in dunkle Erde streben

Sehet, den ewigen Gärtner unter
Schwarzen Erlen kleine Wunder kehren
Zu jung, um zu blühen
Zu alt, um noch zu sterben

kleebaumnacht II

Buchstabierte Blaubeerküsse
Malen dunkelrote Bisse in den süßen
Klee
Auf prallgefüllten weißen Lippen
Wärmt erster Schnee die Zitternden
Im Tändeln der Flocken wiegen
Goldumrankte Wolken
Deliriummund, -mond und -see

Hinaus
Mit all dem Gram
Der Scham und Schluchten auszufüllen
Mag
Mit freuderfüllten Nabeln
Und funkelnden Gaben an den
Fingerspitzen
Kein Kreuz füttert Angst und Weh
Keine Weihe lockt heilsversprechend
Den Untergang zum nahen Steg

Kleebaumzungen
In Licht verliebt
Tanzende Splitter kosen, schmiegen
Sich an tausend Nächte
Mit Fieberglasträumen engumschlungen

nie

Falsch geliebt
Und richtig fantasiert
Was bleibt, sind Worte
Die nach Reimen ringen
Verzweifelt, kakophonisch gegen „Ich"
„Und" „Aber" klingen
Ego, Gier, Zaudereien verzerrt
Anstimmen
Vorbei oder nie begonnen
„Oh, du Fröhliche" im Juli
Gefällter Mistelzweig, lang noch vor
Dem Weihnachtssingen

Triptychon-Kanon
Ströme, Träume oder Tränen, die zu dir
Führen, sind verronnen
Du oder ich
Welchen Unterschied macht das noch?
Wir buchstabieren weiter ängstlich
Unser
Nie